전화통

통신기기가 아닌 명품 의료기기다
통속엔 알약도 봉지약도 안들어 있으나 명품 치료약이 들어있다
만연한 수다병 발병지대의 수다를 수다로 치유하는 전화통

우리들의 태풍 만들면 될 것을

태풍피해 지켜보며 가슴 아파하며 우는 풀뿌리 인생들
울지 말 것이 가슴과 가슴으로 바람일궈
병든 시대, 병든 정치 확 쓸어버릴 우리들의 태풍 만들면 될 것을

諷 詩 調 · 25

2012년 11월

박진환 제43시집

지성·감성의 메타언어
조선문학시인선·340

諷 詩 調·25

2012년 11월

조선문학사

■ 책머리에

諷詩調는 순발력을 중시하는 위트의 미학이다

諷詩調는 이동과 전환을 자유자재로 구사하는 위트와 상상력, 그리고 순간포착을 중시하는 순발력의 미학이다.

2013년 初夏

박 진 환

박진환 제43시집 / 諷詩調 · 25

2012년 11월

차례

바람을 잘 타서

태평양에서 불어오는 태풍은 1년 농사를 망치지만
여의도에서 부는 열풍은 5년 공들인 마음 농사를 망쳐
비닐하우스를 잘 지으라고요? 헌데 잘 지을수록 바람을 잘 타서

지하철

지하철 3호선, 원당역 근교가 갑자기 창마다 수채화 액자가 된다
그랬다가 거대한 먹구렁이가 되어 어둠 속을 허리 틀며 달려간다
하루에도 몇 번씩 삼켜졌다가 토사물로 통해지는 도시근교민들

손(蟀孫) 문답

실솔실솔 주고받는 암호인즉 蟀孫問正金 蟀孫聞正金

풀어보니 '묻노니 진짜 금 있답디까', '순금 있단 말 들어보셨소'

진짜 순금 없다 함이니 왕관 또한 없음이란 蟀孫문답

※ 손(蟀孫) : 귀뚜라미

썩은 코지

雨雨雨 비가 내리면 젖은 자리마다 非非非 곰팡이 슬지
惡惡惡 구토증 일으키는 악취, 코 막지 말 것이 맡아야 성한 코지
非非非 비 냄새 못 맡으면 달고 다녀봤자 썩은 코지

피가 돌고 있음이야

憂憂憂 바람이 불면 愁愁愁 떨어지는 낙엽
지는 낙엽 발자국 삼아 따라 걸으면 동행하는 憂愁
여직 憂愁가 살아있다니 비정의 무쇠 가슴에도 피가 돌고 있음이야

3박자 될 것을

자고 일어났다 하면 성범죄 뉴스, 어디 전제 왕국이라도 없나
성범죄자들 죄다 거세시켜 내시로 보내면
짐승같은 꼴 안보고, 범죄줄고, 돈벌이 수출도 되고 3박자 될 것을

싸이 왜 말춤 춘 줄 아나?

싸이 말춤 춘 이유 있었네. 우리말로 싸이는 푹이거든
말발굽 푹푹 빠지면 세상이란 수렁 헤어나지 못하지
안 빠지려거든 말 몰아야 하고 몰아 달리다보니 말춤이 된게지

놀랬어

통계 나왔다 하면 OECD국가 중 맨꼴찌가 코리안데
성범죄는 상위권이라데, 놀랬어 아주 많이
문명에도 퇴화될 줄 모르는 원시성의 건강한 발기력에 놀랬어

우리들 모습

머리는 비고 아랫도리만 성한 영락없는 원시인
정신은 백치이고 육신은 살찐 성이 신앙인 야만인
그게 누구냐고? 오늘을 사는 우리들 모습이지

수리공이었거든

모 조간신문사에 다닐 때의 일이다, 날마다 새벽귀가에 낯엔 손에 망치와 톱을 들고 살았으니 필시 밤손님 아니면 목수로 알았을 터

맞았어, 나는 언어를 훔쳐다 시의 집을 짓는 언어의 목수거든

히히

진구렁텅에 빠지면 내는 소리 퍽, 국어사전에 퍽은 싸이거든
싸이의 춤도 세상 진구렁 빠진 말발굽 빼며 달리는 말춤이거든
히히, 그짓이 내는 퍽퍽소리도 빠졌다 하면 진구렁이란 뜻인데

멍코인 걸

상한내 곰팡내는 물론 동취도 잘 맡는다고 명코라지만
진드기 · 먼지에 맥 못추는 소환 비염앓이 못 면하는 신센데
명코는 무슨, 소갈머리와 함께 막혀도 꽉 막힌 멍코지

그게 뭐더라

정치권에서 하는 말, 소통이 안 된다던데 글쎄요?
고막이어폰 · 핸드폰 · 스마트폰 · 카폰 등으로 소통만 잘 되던데요
소통이 안 되는 건 정치방언이 많아서겠죠, 망언과 다를바 없는

누옥

부끄러울 것도 자랑할 것도 없다
높은 빌딩 올려다보거나 부러워 한 적도 없다
낮은 처마 드나들며 머리 숙이고 분수껏 사는 법을 익히며 산다

용상에 앉을지

미국 공연 잠시 접고 말춤 스타 싸이 일시 귀국
말춤으로 출마한 국제무대 제왕됐으니
다음엔 용춤 춰봐, 누가 알아 용상이 기다릴지

산에서 배운다

안산에 올라보면 유두 · 향로 · 보현 · 비봉이 눈앞에 다가와 선다
높은 곳에 올라야 높은 곳을 볼 수 있다는 산의 법도거니
난장이키론 낮은곳에 살아야하는 낮은 법도를 높은곳에서 배운다

대리만족 즐긴 걸까

싸이의 강남스타일 구경하기 위해 8만 관중이 모였단다
뭐야? 그럴만한 말춤의 매력이라도 따로 있었던 걸까
혹여 대선출마자에 식상해 말타기 흉내하며 대리만족 즐긴 걸까

버리긴 죄다 아까워서

필패론 대두된 새누리당 의총, 파열음으로 삐그덕
허긴 짐이 너무 무거우면 삐그덕삐그덕 파열음 내는 법
버리면 가벼워지는 법 있긴 한데, 버리긴 죄다 아까운 것들이어서

문제인 문

열면 천국, 닫으면 지옥이 되는 문이 있다
안과 박 사이에 있는 문
열 것이냐? 닫을 것이냐 그것이 문제인 문

뒤집기 연습인 것을

산은 높이로 말하고, 강은 깊이로 말한다
산과 강의 법도가 그러하듯, 인간도 上下로 척도 된다
문제는 上下 뒤집기, 인생이란 되풀이되는 뒤집기 연습인 것을

꼬리 안 잘린듯

물고늘어지기, 흠집내기, 깎아내리기, 점잖지 못하긴 매한가지
화이팅, 화인플레이 외치기 좋아한 것관 달리 편가르기, 줄서기
꼬리에 꼬리 이어진 걸 보면 꼬리 꼬레 꼬레아 꼬리 못잘라낸듯

그 꼴이나 안될지

대선주자들 제마다 새법 만들어 복지국가 약속하던데
법이 없어서 나라가 잘못됐나, 있는 법 잘못지켜서 그리됐지
나라가 부패하면 할수록 법이 늘어난다던데 그 꼴이나 안될지

왕도행보 아닐지

대선주자들 별의별 법 만들겠다고 약속들 하시던데
만들기만 하면 뭘 하나, 실천 못하면 작문정치 못 면할 걸
있는 법 잘 지키고 좇음이 진정한 왕도행보 아닐지

※ 작문정치(作文政治) : 시정방침만 늘어놓고 정작 시행하지 못하는 정치를 비꼬아서 이르는 말.

법도가 없음이다

철되면 날아갔다 날아오는 후조들은 계절을 배신하지 않는다 계절 또한 그들을 배신하지 않는다 자연의 법도를 좇음이다, 헌데 인간 철새들은 계절도 없이 떠돈다, 배신없이 무슨 재미로 정치하나

다르지 않은 사연을

억새 구경꾼들 꽃만 즐기다들 가던데 슬픈 사연도 읽을 줄 알아야
한창시절엔 잎새마다 시퍼런 칼날 세워 바람의 목 쳤지만
쇠한 늘그막엔 백기들고 울고 있는 인생과 다르지 않은 사연을

주리를 아시는지

새술은 새부대에 담는다 했던가, 대선주자들 제마다
마취성 새술 새정치부대에 담던데, 새술만이 능사가 아닌 것이
오래된 술일수록 알콜의 순도가 높다는 주리를 아시기나 하는지

※ 주리(酒理) : 일종의 조어로서 술의 이치쯤이 되는 말.

정상차지는 전무여서

몸으로 표출하는 강남스타일이나 K-pop은 세계정상급

헌데 머리로 표출하는 것은? 글쎄?

세계는 관두고 OECD국중 그 어느것도 정상차지는 하나도 없어서

부끄러움 못면한 코리아

육체의 언어는 행위, 올림픽 5위, 강남스타일,

K-pop등 한류는 행위로 말하는 자랑스런 육체의 언어

헌데, 아랫도리로 말하는 추한 언어 또한 코리아의 언어여서

왕도법칙 전쟁중

한 하늘아래 두 개의 태양이 존재할 수 없다는 건 왕도의 법칙이다
삼권의 분리에 의해 지탱·유지되는 통치는 민주의 법칙이다
법칙은 그러한데 미국도 한국도 목하 치열한 왕도법칙 전쟁중

유행가 못 면하는 것을

대선주자들 참말은 아끼고 빈말은 헤프던데
판이 그렇게 돌아가면 유성기판만도 못하지
유성기판이란 게 판에 박힌 싫증난 앵무새 같아서

어느 쪽인가는

정수장학회, NLL, 어느 쪽은 거짓말 하고 있는 것이 분명한데
참말 하기가 그리 어려워서야 어디 궁금증인들 풀어주겠나
참말 꿀꺽 삼켜버리면 분노 왈칵 토해내는 것을

언제 클래

독도건 石島건 다 좋지만 竹島는 안되지, 대나무가 없거든
없는 것 있다고 우겨대면 그게 생떼 아니던가
생떼 부릴 나이 아닌데 여직도 억지라니, 언제 클래

꼴등 주셨잖아요

미국은 총기난사, 한국은 칼부림, 막상막하
궁금한 건 OECD에서 통계내면 1등은 미국이냐, 한국이냐?
제발, 1등은 싫소, 꼴등을 주이소, 다른 것은 다 꼴등 주셨잖아요

기도하게 하소서

말춤, 그게 그리 좋은 것인가, 세계가 연일 한판 춤판
한판 줄여 반판만 즐기고 나머지 반판은 하나님
당신 위해 기도하게 하소서

불신이 성찬이어서

대권주자들 연일 말로 섬으로 쏟아 내놓는 정치백서
그대로만 된다면야 배부른 복지천하는 떼논 당상인데
어쩐다, 백성들 밥상엔 불신이 성찬이어서

조수 신세나 안 될지

철만 되면 둥지 바꾸는 철새들
어찌 후조뿐이랴, 여의도 철새들도 매한가진 걸
그러다 새둥지에 갇힌 鳥因신세나 안 될지

딱 맞네

새누리당 국민통합을, 야권에선 후보단일화를 외치던데
통합 · 단일화가 다같이 하나되는 융합의 원리 아니던가
국민뜻 녹아져 하나돼야 한다는 융합대학원장 말과 딱 맞네

왕초지

문·박·안 세 대권주자에 밀려 열외된 다른 대권주자들
매스컴·여론·민심 밖으로 밀려나면 못 면하는 낙오자 신세
해도 대자 붙였으니 소자 못 면하는 민초에 비하면 왕초지

국민이 더 잘 안다고요?

국민대통합, 야권단일화, 좋긴 참 좋은데
정작 국민들 뜻 분열되고 야권에선 하나될 기미 안 보이니
융합대학원장님의 녹아져 하나되는 융합비법, 국민이 더 잘 안다고요?

체병

의학사전, 동의보감에도 병명이 없는, 약·수술로도 못 고치는
잘 못먹어서 체한 게 아닌, 너무 잘 처먹어서 생긴 병
아는체, 모르는체, 잘난체, 가진체, 힘있는체, 체체체 쳇병

피도 노래져

마약하면 아편, 대마초 떠올리지만 진짜 아편은 달러야
달러의 나라 미국은 아편제조국
중독됐다 하면 노랑머리 노랑말에 피까지 노래져

맛병

마약보다 더 중독성이 강한 게 뭔줄아나? 뭔데?
모르고 살아도, 중독돼 살아도 병신 못 면하는 아랫도리맛과 달러맛
암보다 더 무서운 현대인의 맛병

단풍

피가 도는 나무가 있나보다, 안 그러고서야 어찌 저리 붉으랴
나무완 달리 사람도 피가 돌지 않는 냉혈한이 있나보다
붉혀야 할 때 붉힐 줄 모르는 얼굴들, 필시 피에 물이 섞였음이야

그러한 것을

총칼 없는, 살상도 없는, 그래서 피냄새도 없는
없는 것 대신 있어야 할 것 또한 없는
발로만 뛰는 대선, 정족지세가 그러한 것을

※ 정족지세(鼎足之勢) : 솥의 발처럼 셋이 맞서 대립하는 형세를 이르는 말.

으뜸이나 아닌지

OECD 국가중 대학졸업율 코리아가 으뜸
졸업과 함께 취업율도 으뜸이어야 하는데
꼴찌였으면 싶은 백수도 으뜸이나 아닌지

자살돌림병

OECD국중 자살율 1위답게 또 여고생 투신자살

자살살자 자살살자 자살살자 자살살자

자살 거꾸로 돌리면 살자인데 왜죽어, 돌리고 돌려라 자살돌림병

타면 못 면할걸 알거라

내 처지가 그리도 딱하고 안된걸까? 동정하는 기색이 역력하다
동정은 최고의 모욕이라던데 모욕이면 어떻고 동정이면 어떻냐
그래, 내 얼굴에 침을 뱉거라, 다만 네 얼굴도 못 면한 타면인걸

※ 타면(唾面) : 낯에 침을 뱉는다는 뜻으로 남을 모욕함을 이르는 말.

피묻은 칼을 주세요

화이트 크리스마스, 흰눈으로 세상 덮는다고 검은 땅 희어질까
복음으로 닦아내고 헹궈내도 희어질줄 모르는 시커먼 마음들
하나님, 말씀보다 사악사악 도려낼 피묻은 칼을 주세요

※ 사악(邪惡) : 도리에 어긋나고 악함을 뜻함.

신이 돼봐야 정답을 알지

신에 의해 피조된 인간, 인간에 의해 피조된 신
짐승과 천사의 중간존재가 된 인간, 어느 것이 정답인가?
의문은 인간의 몫, 답은 신의 몫이니, 신이 돼봐야 정답을 알지

백목 못 면하니

불립문자라 했던가? 글 없이도 뜻이 성립된다는 뜻이거니
어떤 이는 이를 두고 감이라고 하고, 어떤 이는 눈치라고 하던데
감이나 눈치 코치는 고사하고 성립문자 앞에하고도 백목 못면하니

※ 불립문자(不立文字) : 불교에서 쓰는 말로 언어 없이도 마음에서 마음으로 전하는 이심전심과 같은 언어를 초월하여 성립되는 뜻.

蛇心・邪心・私心

여의도엔 때아닌 학떼가 몰려들어 제마다 고갤 내밀고 있다
노학만리심이라더니 무슨 마음을 품었기에 학수고대일까?
뱀과 도마뱀 먹고 자란 蛇心일까? 邪心일까? 私心일까?

※ 노학만리심(老鶴萬里心) : 두보의 말로 늙은 학은 만리의 마음을 품고 있다는 뜻.

이리 다르구나

한강에는 종이 다른 겨울철새떼 모여 살아도 다툼 없이 평화롭다
여의도엔 한통속 철새떼 모이기만 하면 싸움질이다
아하, 백사청강과 오탁악세가 이리 다르구나

※ 백사청강(白沙淸江) : 흰 백사장과 맑은 물이 흐르는 강.

※ 오탁악세(惡濁惡世) : 불교적 풀이로는 더러움으로 가득찬 죄악의 세상이란 뜻.

어쩌려고

재물을 탐하면 구렁이가 된다던데, 조심들 하시게나
올해가 계사년 뱀띠해가 아니던가
너무들 돈돈 하다가 구렁이 되면 돌맞아

꿩 먹고 알 먹고네

속전에 여자에게 탐을 내면 상사뱀이 된다데

뱀이 되어 사랑했던 여인 몸에 떨어질줄 모르고 붙어산다데

히히, 탐해서 좋고 여인 몸에 붙어사니 좋고 꿩 먹고 알 먹고네

못 잘라내거든

사리를 좇으면 원망이 따르고 이타를 행하면 복이 따른다
헌데 어쩌지, 현대판 경제사전엔 이타란 말 없어졌거든
세상인심은 고사하고 부자간에도 따르는 이석추호 못 잘라내거든

※ 이석추호(利析秋毫) : 이익에 관한 한 매우 작은 것이라도 따진다는 뜻.

소통 소통 해쌋데

고장난명이라 했던가? 어찌 손바닥뿐이겠는가
불통도 매한가지, 쌍방의 마음 열려 화음 하면 그게 소통이거든
헌데 마음은 닫아걸고 말로만 소통 소통 해쌋데

※ 고장난명(孤掌難鳴) : 손뼉도 마주쳐야 소리가 난다는 뜻.

외면되고 있다는 것

정치는 현상유지와 통일을, 예술은 변화와 분리를 추구
포탄희랑인가? 취적비취어인가?
서로 다르면서 같은 것은 예술이 정치로부터 외면되고 있다는 것

※ 포탄희랑(抱炭希凉) : 행하는 일과 원하는 일이 서로 맞지 않음을 이르는 魏志에 나오는 말.

※ 취적비취어(取適非取魚) : 어떤 행동을 함에 있어서 목적이 서로 다른데 있음을 이르는 말.

옳은 생각

옛것을 낡았다고 하는 것은 그릇된 잘못 생각
옛것 없이 어찌 새것 있고, 새것 없이 어찌 옛것 있겠는가
신 · 구식 따로 봄은 외꾸눈, 두눈으로 不二 볼줄 알아야 옳은 생각

배신자로 떠났다

희망은 새 연인, 해마다 새해 첫인사를 그와 나눈다
속으면서 믿으면서 1년내내 밀월을 즐긴다
한해가 끝나는 마지막 날 그는 인사도 없이 배신자로 떠났다

견자의 말 아니던가

십목소시라 했던가, 비록 눈 먼 시대, 혼미의 시대라 할지라도
바로 보고 바로 말하는 이 있어 하는 말 '돈' 하데
그래 돈, 아무리 좋은 정책도 돈 없이는 작문정치 못 면하거든

※ 십목소시(十目所視) : 열 사람의 눈이 보는 바라 함이니 여러 사람의 눈은 속일 수는 없다는 뜻.

흘린 피였거니

평생을 붉은 잉크만 써온 교정쟁이 신세 못 면하고 살았다
왠간히 글자는 바로잡았으나 정작 내 인생은 바로잡지 못한 삶
기실 붉은 잉크는 출혈 못 면한 적자인생이 흘린 피였거니

명언이 아니던가

편두통약 설명서엔 별의별 주의사항이 많던데 설명서대로라면
약발은 하나인데 부작용은 수십종, 약이 되레 병을 키우는 셈
약능살인이요, 병불능살이란 옛분들 말씀 명언이 아니던가

※ 약능살인 병불능살인(藥能殺人 病不能殺人) : 약은 사람을 능히 죽여 도 병은 사람을 죽이지 못한다 함이니, 약 잘못 써서 사람을 죽게 하는 경우가 있다는 말.

신종 희귀병 아닌가

밤샘 두통앓이, 무슨 몹쓸 생각을 그리 많이 했기에 두통일까?
욕심껏 처먹은 배도 만복이면 주체 못하듯 생각도 넘치면 병
이 골빈 세상에 골차서 병이라니 허준영감님 처방전은 없나요

노래졌나봐

아리랑 · 강남스타일 · 소녀시대, 노래하면 코리아지
무슨 태평성대라고 열었다 하면 입입마다 노랫가락
국제무대 오르더니 마음도 · 생각도 · 혀도 · 소리도 노래졌나봐

蛇心까지 버릴 수 있을까?

除旧布新, 낡은 것 벗어던지고 새 것을 펼치자
癸巳年이 뱀해니 뱀허물 벗듯 낡은 것 벗어던지자렷다
헌데 어쩐다, 허물 벗어던진다고 蛇心까지 버릴 수 있을까?

빚이 많아서인 듯싶다

해는 공평하게 골고루 빛을 나누어주는데
어째서 삶들은 음지와 양지로 양극화 못 면할까
아무리 생각해도 빛보다 빚이 많아서인 듯싶다

빚쟁이 소원 이루어질까

동쪽엔 정동진, 서쪽엔 서동진, 남쪽엔 남동진
해오름 따라 지은 이름 좇아 소원 빌기는 좋은데
그런다고 동추서대 못 면한 빚쟁이 소원 이루어질까

※ 동추서대(東推西貸) : 이곳저곳 여러 곳에 빚을 짐.

위염이면 억울하지

국민의료 혜택 베푼다고 공짜 내시경 검사를 받고 온 내자 왈

"못 먹을 걸 먹은 것도 아니고 훔쳐 먹은 것도 없는데 위염이라면

도둑질에 착취하고도 건위 자랑하는 세상 내장은 어떠할지?

덕담 아니지

세모인사인즉 건강케 사시라던데 덕담아녀, 병든세상 건강케 산다면 약뿐이거든, 헌데 낙능살인이요 병불능살인이라 않던가, 하여 감수하려면 약 아닌 병과 친해야할 판에 건강 운운이면 덕담 아니지

상생 · 공생

상생 · 상생 하면서도 상극 못 면하고
공생 · 공생 하면서도 공생감에도 못 미치는
차라리 금설폐구가 더 값진 입으로만 운운하는 상생 · 공생

※ 금설폐구(金舌蔽口) : 금으로 혀를 만들어 입을 가린다 함이니 입을 꼭 다물고 침묵한다는 뜻.

탓할 게 못되겠네

새해 상생·공생, 제구포신, 수도선부가 화두던데
덕담 거꾸로 험담으로 풀면 더불어 살지 못했고, 낡은 것도 못 버리고
물 두고도 배 띄우지 못했음이 되니, 덕담보다 더 잘 와 닿는 험담

두 혓바닥들 죄다 잘라냈으면

뱀 허물 벗듯 묵은 것들 다 벗어던지면 어찌 아니 좋겠냐만
마음마다 또아리 튼 私心·邪心 못 버리면 그게 바로 蛇心이지
癸巳年 뱀해 맞아 사심불구 두 혓바닥들 죄다 잘라냈으면

※ 사심불구(蛇心佛口) : 속으론 간악한 마음을 가지고 있으면서도 입으로는 착한 말을 꾸미는 일을 이르는 말.

두 혓바닥 잘라낼 가위가 필요할듯

밤의 혓바닥이 왜 둘이겠나?

하나는 흑심, 하나는 유혹, 이를 두고 이르는 말 蛇心佛口

癸巳年엔 내입 · 네입 할것없이 두 혓바닥 잘라낼 가위가 필요할듯

헛소리거든

뭐가 그리 바쁘다고 그것도 해 넘겨 새벽에야 국회예산안 처리
그중에서도 제 몫들은 초저녁에 챙겼다니, 철들려면 아직 멀었어
정신일도하사불성이란 옛 덕담, 정치계산으로는 헛소리거든

※ 정신일도하사불성(精神一到何事不成) : 정신을 가다듬어 힘쓰면 무슨 일인들 이루지 못할 것이 없다는 朱熹의 말.

못 면하는지

대통령 당선인에 대한 지지 · 기대 · 찬성 50% 넘게 좋데
잘만하면 앞으로 프로테이지 연 상승그래프 그릴 전망
초기 · 중기엔 그랬다가 어째서 말기엔 하강의 역그래프 못 면하는지

생도 다르지 않거든

나무도 썩고 병든 가지는 잘라내고 새 가지는 키워야 열매보듯 생각의 가지도 매한가지, 다듬고 길러야 생각의 영근 결실을 보지 열매 못본 나무, 결실 없는 생각은 쭉정이 신세, 생도 다르지 않거든

애 · 쓸개 · 양심도 도려내야 하거든

새해 인사마다 건강하시란다, 달리 더 좋은 덕담이 있겠는가마는
험담도 되거든, 세상이 병들었는데 병든 세상 건강하게 살자면
애 · 쓸개 · 양심도 도려내야 하는 병보다 더 아픔 겪어야 하거든

가위 하나씩 선물함이 어떨지

정치술수에 거짓말말고도 구렁이 담 넘어가듯 꼬리 감추는
여든도 넘는 못 고치는 늙은 버릇이 있지, 해서 말씀인데 새해엔
거짓말하는 혀, 긴 꼬리 잘라낼 가위 하나씩 선물함이 어떨지

우리들 아니던가

세 잡았다 하면 연줄이란 연줄 다 골라 매달리고 기어오르기
세 다했다 하면 차버리고 외면하고 돌아서기가 세상인심
탓도 비웃지도 말 것이, 염량세태에 길들여진 우리들 아니던가

※ 염량세태(炎凉世態) : 권세가 있을 때는 아첨하여 좇고 세력이 없어지면 푸대접하는 세속의 상태.

양두 피 안 흘릴지

또 속은 건 국민들이고 속인 건 정치인들, 양두구육도 유분수지
예산안, 그것도 해 넘겨 제 몫 챙겨 통과시키곤 줄행랑 외국행
팔자는 좋다마는 국민들이 던진 돌팔매 양두 피 안 흘릴지

※ 양두구육(羊頭狗肉) : 양머리를 내걸어놓고 개고기를 판다는 뜻으로 속임수를 말함.

재앙도 피해간 것을

수재 · 화재 · 풍재로는 부족해 병난 · 질역 · 기근 겹치기 三災
그것도 재수 옴오른 석삼년 重三災
아내는 연미지액 면했다지만, 재앙도 박복피해 멀리 돌아간 것을

※ 연미지액(燃眉之厄) : 뜻하지 않고 갑자기 생긴 재앙.

자유롭지 못하다는 사실

신이 인간을 창조했건, 인간이 신을 창조했건
종교가 자유이듯 각자의 자유다, 다만 자유가 아닌 것은
신도 인간도 피조의 불완전성에선 자유롭지 못하다는 사실

낫고 안 낫고가 부질없다

지혜 있는 자보다 덕 있는 자가 더 낫다는 지장이 불여복장
옛 분들 말씀이니 귀 기울여도 그만 안 기울여도 그만이지만
지장도 덕장도 분수밖의 박복한 처지니 낫고 안 낫고가 부질없다

※ 지장이 불여복장(知將-不如福將 : 지혜 있는 자보다 덕 있는 자가 더 낫다는 말.

복타령인지

새해 인사마다 복 많이 받으라는 복타령들이다
박복이 복인지라 복은 그만두고 불실원수 마음으로 기둥삼아
지족불욕의 삶 즐김이 복인 것을 무슨 복 따로 있다고 복타령인지

※ 불실원수(不失元數) : 본래의 분수를 잃지 않고 잘 지킴.

※ 지족불욕(知足不辱) : 분수를 지켜 족할 줄 아는 사람은 욕됨이 없다는 말.

절로 보고 갖게 되는 것을

볼 수만 있고 가질 수는 없는 것을 경화수월이라 했던가
볼 수도, 가질 수도 없으면서 보고 가지고 싶은 것은 또 뭣일까
묻지말것이, 맑은 마음·가슴 거울삼으면 절로 보고 갖게 되는 것을

※ 경화수월(鏡花水月) : 거울에 비친 꽃, 물 위에 비친 달로서 볼 수만 있고 가질 수는 없음이니 시·소설과 같은 허구로 꾸민 것을 말함.

말보다 행동이 민첩하구나

군자란 말이 적고 행동은 민첩하다는 논어의 말씀인즉
허물이 없으니 말이 필요 없고 허물을 덮으려니 말이 많게 되는 이치
개과불린이라더니 그래서 군자는 말보다 행동이 민첩하나보다

※ 개과불린(改過不吝) : 허물이 있으면 즉시 고치는데 주저함이 없다는 뜻

꿈꾸어서는 안 될 세상 되지

술 · 계집 · 재물은 빠지지 않아야 될 삼불혹이라 하던데
癸巳年, 두 혓바닥 날름대며 꾀는 유혹에 빠지면?
주정뱅이 · 호색한 · 황금노예가 꿈꾸는, 꿈꾸어서는 안 될 세상 되지

몸 담글 수 없는 것을

장강은 있으나 보에 갇혀 끊긴 물길 세류 못 면하고
대어는 있으나 물길 막혀 놀지 못하거니, 부질없어라
탄주지어불유지류면 뭘하나, 강물마다 탁류, 몸 담글 수 없는 것을

※ 탄주지어불유지류(呑舟之魚不遊支流) : 큰 고기는 작은 물에서 놀지 않는다 함이니, 賢者는 항상 고상한 뜻을 지님을 비유한 列子의 말.

인문·사회·과학

전문대 실용음악과에 지원자가 구름같이 몰려들었단다
대중가요의 인기를 말해주는 이 잣대의 눈금 밖으로 밀려나고
떨어져 나가 이마에 사양으로 걸린 인문·사회·과학

입으로 되나

위정자들 정권 잡았다 하면 새 시대 운운하시던데
의욕 앞세워 대시한다고 시대 새로 열리나
새자 앞세우려면 오랠 旧자 버려야하는데 그게 입으로 되나

달 · 1

달 달 무슨 달 쟁반같이 둥근 달
웃기셔, 지금이 무슨 태평성대인가
신식으론, 달 달 무슨 달 남북처럼 쪼개진 조각달이지

달 · 2

복녀가 구천을 떠돌며 움켜쥐고 다닌 낫달
새벽녘에 몰래 찾아와 날 세워 살의 번뜩이는
유리창 너머로 째려보는 애꾸눈

달 · 3

밤새 퍼낸 은빛파도 창턱까지 차올라 출렁이고
섬돌에 나란히 벗어놓은 옥색 고무신 한 켤레
몰래 훔쳐 신고 새벽을 빠져나가는 조각배

갈대 · 1

밤새워 서걱서걱 날 세운 칼날 갈아대더니
동트자 난도질당한 가슴 아닌 호면
벌겋게 피를 흘리고 있다

갈대 · 2

무엇이 그리 못마땅해 종일 고개저어 도리질이냐
이별 아픈 가슴 때문이냐? 아냐
허면 돈 때문? 비로소 끄덕이는 고개

갈대 · 3

여자의 마음은 갈대와 같다는 셰익스피어도
생각하는 갈대라는 파스칼도 순 구식이다
신식으론 마음도 생각도 텅 빈 갈대 아닌 대갈통이다거든

산으로 몰고 가지나 않았을지

수도선부가 새해 화두던데, 글쎄요? 물이 없어 배 못 띄웠나요?

4대강 봇물 빵빵 차 있어도 띄울 배가 없었던 것을

설혹 배 있어 띄울랐다 해도 사공이 서투르면 산으로 가는 것을

사랑이 돼서

검소는 사치를 멀리하고, 사치는 검소를 멀리한다
서로 멀리하니 원수지간, 예수님 왈 원수를 사랑하라 했는데
글쎄, 사랑하지 않을수록 사랑이 돼서

•

박진환 시인은 전남 해남 출신으로 동국대 국문학과를 거쳐 중앙대 대학원을 졸업(문학박사)했다. 1960년 동아일보 신춘문예(詩)·1963년 自由文學(문학평론)으로 문단에 데뷔했고, 국제PEN한국본부 사무국장 및 이사, 한국문협 고문을 역임했다. 제9회 시문학상, 제3회 비평문학상, 펜문학상, 윤동주문학상 등을 수상했고, 한서대학교 교수 및 예술대학원장을 역임했으며 현재 월간 『조선문학』 발행인 겸 주간으로 있다. 중요 저서로는 시집에 『귀로』, 『사랑법』, 『꽃시집』, 『三行詩抄』 I ~XI 『諷詩調』, 『박진환시전집』 I·II·III·IV·V, 『物神時代』 I·II·III·IV·V, 『동굴일지』 I·II·III·IV·V, 『2012년 8월』에서 『2013년 7월』까지 51권의 시집이 있고 평론집으로 『한국현대시인론』, 『현대시론』, 『21C시학과 시법』 등 다수와 『한국시의 공간구조연구』, 『21C 시학』, 『시창작론』, 『諷詩調詩學』 외 다수의 역저가 있다.

•

조선문학시인선 340

諷 詩 調 · 25

2012년 11월

2013년 7월 20일 인쇄
2013년 7월 30일 발행

지은이 / 박진환
발행인 / 박진환
펴낸곳 / 조선문학사
등록번호 / 1-2733
주소 / 110-092 서울 서대문구 홍제2동 96-4
전화 / 02-730-2255
팩스 / 02-723-9373

ISBN 978-89-98115-21-0

정가 10,000원